“奇跡”は自分で起こせる！

3日後「引き寄せ」日記

Happy

大和出版

1年後の自分、3年後の自分。
今、あなたは
遠い未来の自分の姿を
明確に想像できますか?

「お花屋さんに、
ケーキ屋さんになりたい」
子供の頃に純粋に描けていた
未来への夢が
見られなくなってしまったのは
いつからでしょうか?

見るものすべてが新鮮で楽しくて、
周りのすべてが遊び道具で
ありのままを生きられていたあの頃。

そのとき、私たちは自然と
未来に対して希望を抱けていました。

いつからか社会や親、周りの大人たちの
「夢なんて叶わない」
「どうせ何やっても無理」
こんな声を聞くようになりすっかり
「創造（想像）の力」を忘れてしまったのです。

これは、眠ったまま
使われなくなってしまった
あなたの〝その力〟を
思い出していただくための1冊。

未来に対して〝不安〟の
アンテナに傾いてしまっている
あなたの思考のクセを
もう一度〝希望〟に
傾けていきましょう。

1年後、3年後の遠い未来ではなく
「3日後」の手の届きそうな
近い範囲から。

小さな積み重ねと成功体験はやがて
「本当のあなた」を
思い出させてくれます。

「あなたは本来、とても自由で無限で
創造的な存在」

自分の可能性に気づいてくれる人が
たくさん増えることを願っています。

ページをめくる度、
きっと新しい自分に出会えるはず。
そして必ず約束します！
あなたの未来が笑顔と
喜びで溢れることを。

では一緒にはじめていきましょう！

Happy

目次
3日後「引き寄せ」日記

prologue

プロローグ
こうして人生は変わりはじめる！

chapter1

第1章
うまくいかないのはこんな理由があった！
本当の「引き寄せ」のヒミツ

chapter 2

第2章

カンタンなのに成功しやすくなっていく！「感じ方」のトレーニング方法

prologue

プロローグ

こうして人生は変わりはじめる!

臨時収入が入った!

チケットが当たった!

好きな人と!

Happyな毎日がやってきた!

11月30日に12月20日の日付を設定して書いたクリスマスプレゼントが……

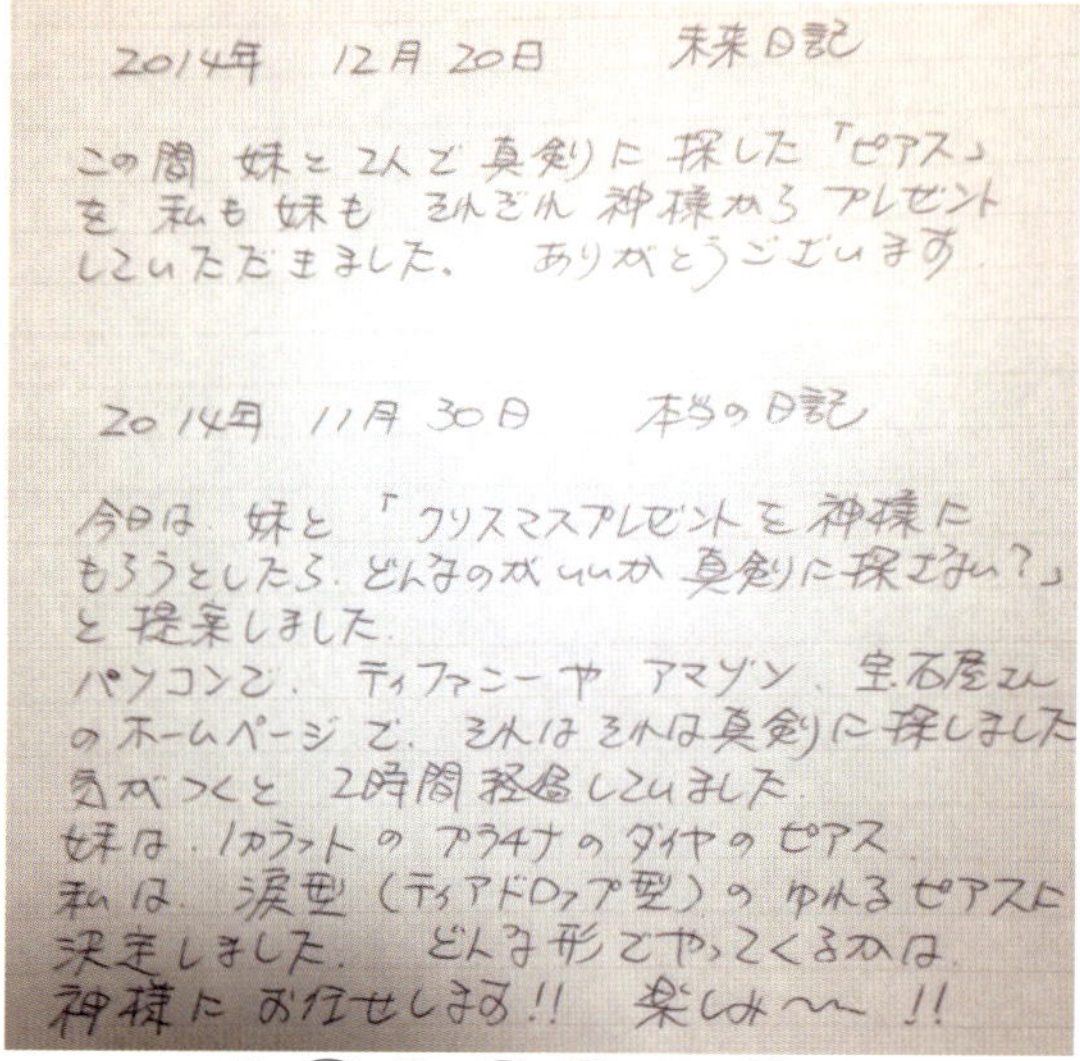

もうビックリ!

妹はダイアのピアス、私は本当に思わぬ形でイメージ通りのピアスがプレゼントされました。

思わぬ形で叶う

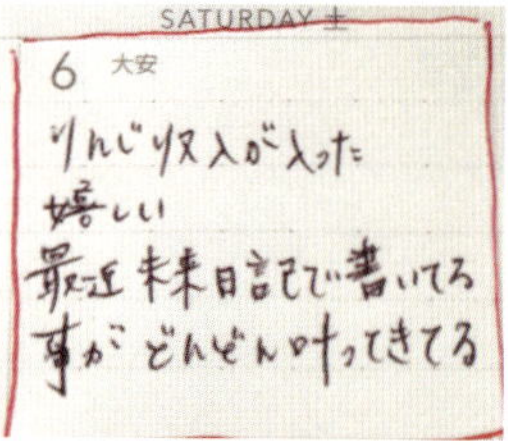

臨時収入が!

日記通り、職場でお客様がホールインワンを出し、キャディの私も1万円頂きました。

「自分の意思で選択するんだ! という思考になれたら、夢見ていた毎日Happyの世界にいました!」

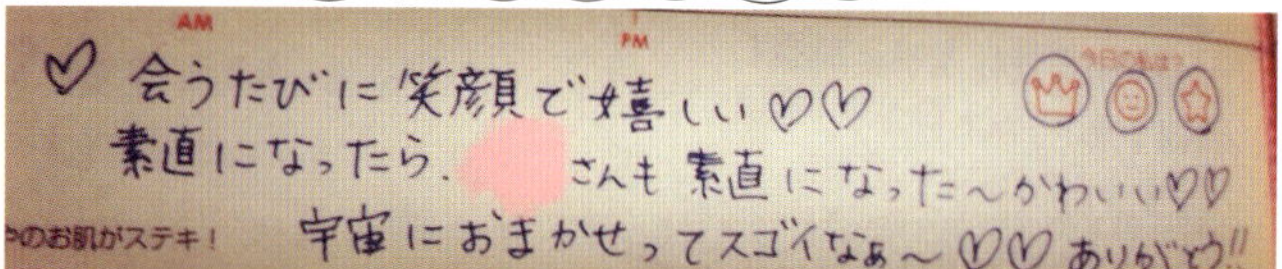

社内の好きな彼と何度も会えた!

廊下でタマーに会えるくらいの彼に、日記を書いたこの日は何度も会えて、お互い笑顔で幸せでいっぱいです。

体験談

旅行が決まった！

欲しかったプレゼントが来た！

『3日後「引き寄せ」日記』で

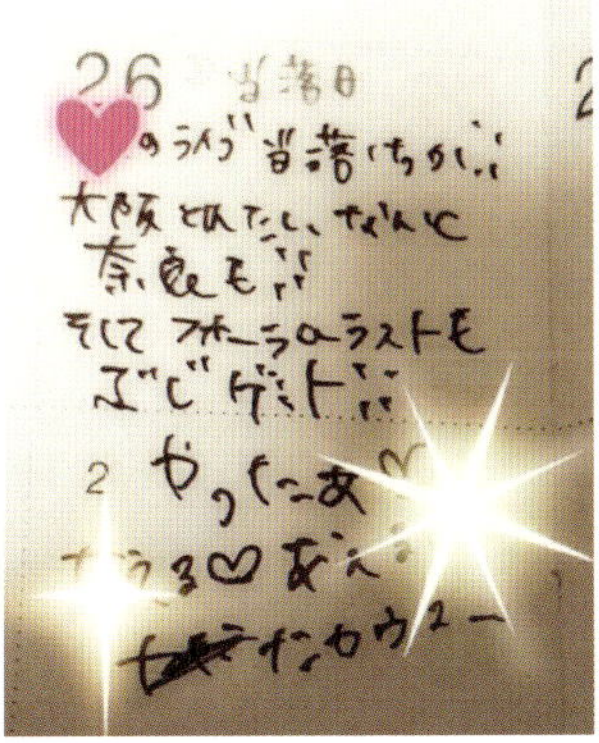

争奪戦のライブチケットの抽選が当たった！

どうしても行きたくて『3日後「引き寄せ」日記』を実行。見事、大阪・奈良・最終日の東京、希望の３カ所が当たりました！こんなことは初めてです。

まさに『3日後「引き寄せ」日記』です！

これを書いた3日後の１月４日にひょんなことであっさり決まってしまって３月に沖縄旅行に行ってきました。

携帯アプリで未来設定

マイダイアリ

2015年5月20日 (水)

たくさん笑った
仕事が残業なく早く終った
美味しい物をもらえた

全て叶った！
仕事中に面白いことが起こり、大爆笑した！
仕事が残業なく終われたので、帰りに職場の人とうどんを食べに行った！
職場の人がうどんといなりをご馳走してくれました!!!ありがたい!!!

本当におもしろい！

続けていたらその日に叶わなくても後日叶っていたり、逆にその日になるまでに叶っていたり。ありがとうございます！

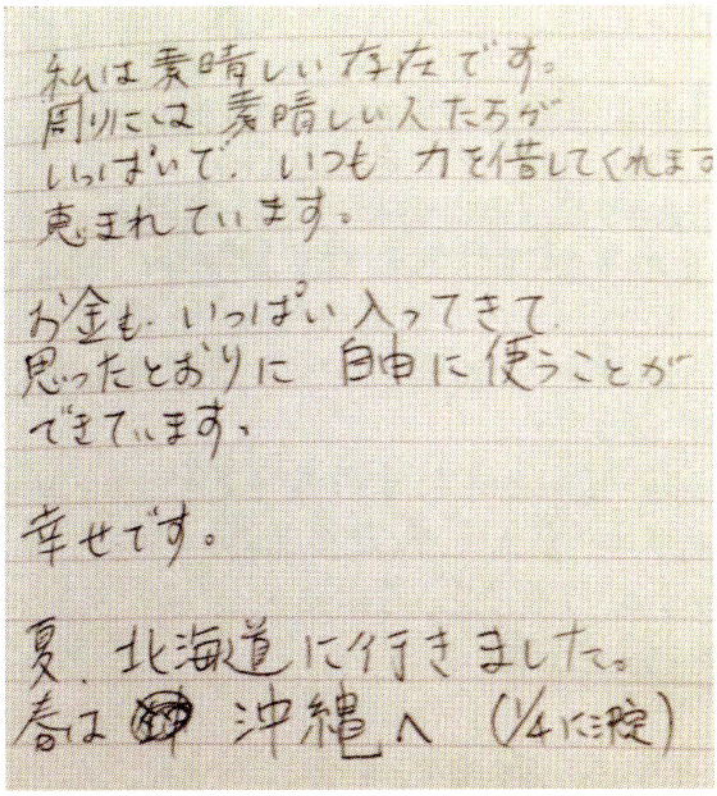

日記に書いてもアプリやメモ、手帳やカレンダーなど、あなたの好きなところに書いてOK！

「引き寄せの法則」との出会い

2013年秋、私は自分の人生を大きく変えるきっかけとなった、1冊の本と出会います。

『引き寄せの法則――エイブラハムとの対話』（エスター・ヒックス、ジェリー・ヒックス著 ソフトバンククリエイティブ）。

この本に書かれているエイブラハムの「宇宙は平等で無限」という世界観に心から魅了されました。

とりわけ、

「意図的に人生を創造していくことが、あなた方の本来の人生の楽しみ方だ」。

このメッセージに体中に電流が走るのを感じました。

「意図的」に人生を創った感覚なんて、それまで一度もなく、「人生は流されるまま生きるのが幸せ」だと思い込んでいた私にとって、衝撃的な体験でした。

一方で以前から、

「何かを望んだり夢を持つことは〝欲〟だから良いことではない」。

こんな「思い込み」も持っていたので、「意図的に」と言われても、やりたいことや夢などは思い浮かばず、いきなり最初の段階でつまずきました。

それでも、「私も情熱を注げる何かや、夢ややりたいことが見つかると良いなぁ」と思いはじめたわけですが、本を読みながらあるとき、こう思いました。

今の環境や社会的地位、お金、年齢、スキル——これらの「余計」なものを取り除き、もしなんでも叶えることができるなら——。

「あなたの人生はなんでもできるけど一体何がしたいの?」という問いに自分はどう答えるだろうか——。

さらに、〝今〟いる地点の条件（仕事・自分の置かれている立場・収入・環境）を

前提に夢を描こうと思っても何も出てこなかったのに、条件なく「純粋に無制限」の視点で自分の声を聞いてみると、

「本を出版したい」。

こんな夢が出てきたのです。

自分の人生を呪いながら生きていたとき、私の救いになったのはたくさんの本の中の教えでした。

この瞬間、自分がしてもらったように、私も誰かの「希望」となるような文章を書きたい――そう思ったのです

もちろん初めは「本を出版する」なんて雲の上の人がするような、たいそうなことを自分ができるとは思ってもみないことでした。

しかし、その本に書かれていた「自分の持つ思考（自分の意識）の力の偉大さに気づけばすべてが現実化する」が本当であれば、私の夢はきっと叶えられるはず。そして、エイブラハムの唱える見えない世界が実際に存在するのか、私は確かめたくなったんです。

人生は何でもできる!!
じゃあ…
一体何がしたい?

思考の持つ力と自分の思い込みに気づく

そのときから、私は自分の人生を意図的に創っていくために、自分の「思考の主」になることを決めたわけですが、ちょっと考えてみるとおかしな話ですよね。

自分の思考の主になるなんて、もともと自分以外の誰も自分の思考の代わりをする人なんていないはずなのに……。

しかし、「思い込み」がその人の世界を創っているとわかったとき、私は自分の思考を自分のものにできていなかったことに気づいたのです。

たとえば、

「普通だったらこうするよね」

「社会的にはこれが正解だよね」

「みんなほとんどそうだよね」

「有名な○○さんもそう言っていたし」

こんな感じで、今までの私は、「人」の意見をそのまま取り込み、それがこの現実で起きている「真実」だと思い込んで生きていました。

「自分はどう思うのか？」。これがまったく置き去りにされてしまったまま人生を創りあげていたのです。

☆今の世の中、何か新しいことにチャレンジしてもどうせ失敗する
☆安定を選んだほうが将来は不安にならずにすむ
☆夢を叶えることができるのは特別な人

これらは、つい最近まで私が持っていた「思い込み」たちです。

誰から聞いたのか、そして一体誰が言っていたのかもわからない「意見」をすんなり受け入れて人生を歩むことで、子供の頃にはできていた、純粋に「夢を描くこと」をすっかり忘れてしまっていたのです。

自分の持っている「思い込み」を客観的に眺めてみたら、おもしろいぐらいに「思い込み通り」の生活と、そして人生を歩んでいました。

ということは同時に、もちろん逆も然り!?

自分の好きなように思い込み、自分の好きなように世界を創っていく——これも可能なのかも！

そのとき、私は初めて、「人の思考ってものすごい力を持ってるんだ」ということに気づいたのです。

安定
どうせ失敗する
特別な人だけ
自分好みの
世界を創る
ありかもっ!!

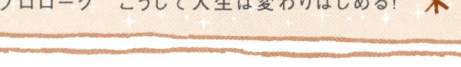

夢に向けてブログを開設

そして、「本を出版したい！」と自分の夢が生まれ、私はブログを立ち上げました。

というのも、ブログが人気になり書籍化した、とある作家さんを書店で見つけたからです。

ポップには、あるブログサイトの書籍化ブログジャンルで、ランキング1位という文字が書かれていました。

「ブログが人気になれば出版できるのかも……」。このほんのわずかな希望がブログ開設のきっかけとなったのです。

そこで、世の中の偉人や成功者達が唱える「引き寄せの法則」という、自分自身に似たものの本質を引き寄せる宇宙全体で働いているエネルギー、見えない力が本当に存在するのか――これを自分自身が実践し、夢を叶えるまでのプロセスを記録していくブログを思いつきました。

なんでもない普通の人が、「引き寄せの法則」を実践して、果たして本当に現実は変化するのか？

リアルタイムで読者に報告していくコンセプトだったので、私は初日からその日のブログのアクセス数の変化も一緒に記録していこうと考えました（数字というフィルターを通して、引き寄せをお伝えできたら、結果がわかりやすいのではと思ったのも理由の1つです）。

初日はもちろんアクセスゼロ。誰も見にはきてくれません。

翌日は3。自分でページをクリックしていたので、この日も実際は誰も見にはきてくれず。

そこから毎日記録するアクセス数は、15だったり30になって25に下がったり、と、こんな感じでずっと横ばいが続いていました。

おかしいな……まったく変化がない。

アクセスがずっと 横ばい・・・

この一文に気づいたことで拓けてくる！

やっぱり見えない力なんて存在しないんじゃないか……と早くも挫折しかけたそのとき、目に入ったのが、ある本の一文でした。

「望まない現実を見て、それについて考え語りつづけることほど無駄なことはない」

そこで例にあげられていたのはダイエットについてでした。

太っている人が、ダイエットを試みようとしてもうまくいかないのは、「自分は太っている」と、「今」の現状に目を向け、それについて必死に語りつづけているからだと。

たしかこんな内容だったと思います。それを見たときハッとしました。

私は毎日、その日のアクセス数の現状を報告しつづけていたのです。

私はアクセス20のブロガーです。私はアクセス30のブロガーです。

こんなふうに、現状に目を向け人に語りつづけていたために、一向に現実が変わらなかったことに気がつきました。

望む現実
ヤッター♡
トップブロガー
望まない現実
アクセス30です
ハッ
ガーン
ずっとこっち書いてたッ

望まない現実を見て現状を語りつづけていませんか？

私の場合は「ブログのアクセス数」でしたが、ぜひあなたもご自身の状況に当てはめて考えてみてください。

たとえば、
ダイエットしたいのに「私って太ってるから」とか、
恋愛がしたいのに「素敵な人なんて全然いない」とか、
お金が欲しいのに「私っていつもお金ないんだよねー」とか、
そんな現状報告を周りに一生懸命話していませんか？

これらに該当するあなたは、まさしく以前の私と同じで、「望む未来」の自分が発している波動の状態と「今」の波動の状態のチャンネルが、まったく合っていない状況です。

この件に気づいて以来、私は毎日のアクセス数の現状報告を、やめることにしました……。

しかし、新たな壁がまた立ちはだかります。

「望む現実を語れば現実は変えていけるんだ」と理解したものの、「そうなっている自分の姿がそもそもイメージできない」のです。

私は、あるブログサイトの「書籍化ブログ」というジャンルに登録していました。

でもランキング上位に名を連ねる方々は、1日1万アクセスを超えているであろう超人気ブロガーさんばかり。

かたや当時の私のアクセス平均は20前後。

1万アクセスと20アクセス。

あまりの差に、イメージしようとしてもすぐに頭に浮かんでしまったのが、

「やっぱり難しいんじゃないか」

というフレーズでした。

望む未来をイメージしチャンネルを合わせればいい、という理論を頭ではわかっていても、その地点からでは自分が1万アクセスどころか1000アクセスになっている状況もイメージできなかったのです。

考えてイメージすると、すぐに「できないんじゃないか」が頭に浮かびどうしてもネガティブな感情のエネルギーを発してしまう。

これではチャンネルが合っていないので現実化していきません。

そこであることを思いついたのです。

イメージが苦手！　イメージができない。そんなあなたへ

私は思い切って、「〝できない〟こと」をやめました。

できないイメージなんてするもんじゃない。苦しくなるだけで楽しくない――そう思ったのです。

そして、「これくらいならできそうかも！」と思える小さなイメージを、自分が心地よく想像できる範囲で、イメージトレーニングするようになりました。

「より具体的にイメージできれば叶う」ということをよく耳にします。

たしかにそうなのですが、イメージもできないし、イメージングって苦手。私と同じような方もたくさんいらっしゃるのではないでしょうか？

「1年後の自分？　半年後の自分？」

「そんなのイメージできないよ！」

だから3日後くらいの近い未来に焦点を合わせてみたのです。

自然により簡単にイメージできる範囲で望む現実を考えてみる。

私の場合、これをアクセス数で行いました。

アクセス20の「今」の現実では1000アクセスなんてイメージできない。

でも3日後に15くらいアクセス数が上がっていたら嬉しいなぁ。

このくらいならイメージが可能でした。

3日後に35アクセスくらいになって喜んでいる自分をイメージ。

「嬉しいなぁ」とそのときに自分が感じているであろう、「感情」も同時にイメージしてみました。

Access
20
35
UP
わあ!!
増えたっ
3日後に
こうなったら
うん
うれしいなあ

『3日後「引き寄せ」日記』はこうして誕生した！

すると……。

本当に3日後、書いた通りのかなり近いアクセス数を叩きだしたのです。

この日の私の感動は凄まじいものでした。

「え、たかだかブログのアクセス数が15上がっただけで、何がそんなに嬉しいの？」

そんな声が聞こえてきそうですが、ポイントはそこではなく、

「やっぱり目に見えない力って存在するんだ！！！」

「引き寄せの法則って本当なんだ！！！」

ということを初めて実感できたことが、とても嬉しかったのです。

「引き寄せの法則」の理論は頭ではわかっていたけれど、なにせ目に見えるものでは

ないので、実践当初はそこに対しての疑いを拭いきれずにいましたが、この日を境に確信に変わりました。

とは言いつつも、まだはじめたばかりでイメージ力がいきなり劇的に上がるわけでもなく、大きいことやかなり先のことは相変わらずイメージできずじまい。

だからこそ、3日後の自分のアクセス数をイメージするトレーニングを続けてみました。

結果は……あれだけ変わらなかった現実だったのに、あれよあれよという間にアクセス数が上がっていき、人気が出たおかげで本の出版という夢を無事に叶えることができました。

こんな理由でできたのが、この『3日後「引き寄せ」日記』のはじまりです。

のちほど『3日後「引き寄せ」日記』を行うことで、叶ったことをご紹介していきますが、ここで身近なことで変わったことを、1つだけご紹介することにしましょう。

望むものを語りつづける。

未来に希望の種をまきつづける。


この重要性を理解できたことで、日常生活にも応用していきました。


たとえば、数日後に新しい仕事で初めてお会いする方がいる場合。

その人がどんな人か不安になりますよね。


そんなとき、詳しい方法は後でご紹介していきますが、

「話が弾んでとってもスムーズに進んだ！

すごく良い方で素敵なご縁ができて本当に嬉しい！」

など、3日後「引き寄せ」日記をつけます。すると、その当日は本当に素敵なご縁と思える方とお目にかかることができ、さらに仕事の話も信じられないくらい良い方向に進展するのです。

日記を書く前に抱いていた、モヤモヤの気持ちももちろんありません。

このように、ちょっとした何気ない毎日の不満や不安な内容を、創り出したい少し先の未来を設定し過ごすことで、エイブラハムの唱える「意図的に人生を創造」しているという感覚がだんだんとわかるようになってきました。

大切なことはイメージできる範囲ではじめ、小さな成功体験を積み上げること。

これが見えない力を確信に変えていくためには何よりも重要なポイントとなってきます。

兎にも角にも「千里の道も一歩」から。

「見えない力」に信頼をおけるようになったあなたは、もう無敵ですよ！

〝今〟〝過去〟〝未来〟

ここでは簡単に引き寄せの「現実創造」のメカニズムをお伝えしていきます。

今、あなたが思考と感情を通して放出したエネルギーは、時間をかけて未来に具現化します。

……ということは、〝今〟起きている現実は、あなたが〝過去〟に思考した結果なんです。

「これで絶対変えられる！」。そう感じた今のあなたは、「きっとすぐに！」「今すぐに」現実が変化していく……なんて思ったりしていませんか？

とはいえ、前述した通り現実化していくのに、どうしてもタイムラグは発生します。このような理由から、〝引き寄せ〟を知った方は以下のようなケースにハマッてしまう方が多いのです。

〝嫌だと思う現実〟があり、「引き寄せを知りこれで変えていける！」と希望を持った。でも翌日会社に出社すれば相変わらず、「〝嫌〟だと思う現実が……これが結局は真実なんだ」、「夢物語の話だったのか」とすぐにあきらめてしまう。

しかし、ちょっと待ってください！　はっきり言って〝すぐ〟には変わりません！
だからこの理論を徹底的に頭の中に叩きこんでほしいのです。

〝今〟の現実は過去思考した結果。
〝今〟あなたが希望の思考を持つならば、必ず〝未来〟は変わります。
〝過去〟思考した結果の現実を見て、また同じようにあなたが思考し反応するならば……未来は一向に変わることはありません。

起きている現実を一切無視して、どうなりたいか、どうしたいのか、頭の中だけは、〝希望〟にチャンネルを合わせてください。

悩んだり、どうしようもなくなったら、
一度立ち止まって、深呼吸して自分の心の声を常に聞く。
自分は「どうしたいの？」
私は「何を望んでいるの？」

現状を語るのではなく、創りたい未来を口にするように。
そのあなたが〝今〟まいた種は必ず100％、いや200％時間差で〝未来〟に花咲くのです。

まとめ

プロローグ

こうして人生は変わりはじめる!

*

すべて自分の「思い込み」によって人生が創られていることに気づこう

*

「人」の意見をそのまま取り込んでいると、
現実で起きていることが「真実」だと思ってしまうので要注意

*

宇宙で一番重要で大切なのは「あなたの意見」です
どんなに偉い人、すごい人に何を言われても、「自分はどう思うのか?」
という問いかけを忘れない

*

できそうもないイメージは苦しくなるだけなのでしない

*

「これくらいならできそうかも!」と
自分が心地良く想像できるところからまずははじめよう

*

「嬉しいなぁ」とそのとき自分が感じているであろう
「感情」がいい作用をもたらす

*

イメージによってなされる小さな成功体験を積み上げることが、
見えない力を確信に変えていく

*

「今」の自分の現実は過去自分が思考した結果。
「今」自分の思考や感じ方を変えれば未来は
100%いかようにも変えられる。
だから「今」目の前で起きている現実には
決して振り回されないこと

chapter 1

第1章

うまくいかないのは
こんな理由があった！

本当の「引き寄せ」のヒミツ

「引き寄せの法則」について

ここで「引き寄せの法則」についてお話ししましょう。

引き寄せの法則とは、「あなた自身に似たものの本質を引き寄せる」という宇宙全体で働いているエネルギーの仕組みだと思ってください。

わかりやすく例えるならば、あなた自身が磁石だということ。

あなたが「今」喜びのエネルギーを発しているのであれば、喜びを体験する現実を未来に創り（喜びを引き寄せ）、「今」怒りのエネルギーを発しているのであれば、同じように怒りを体験する現実を未来に創り出します（怒りを引き寄せます）。

引き寄せの法則と聞くと「思考が現実化する」という言葉を連想させますが、厳密に言うならば上記に書いたように、**「思考した際の感情のエネルギーが現実化する」**のです。思考が現実化しないのは「こうなりたい」と思考した際、ほとんどの人が前章の私のように、同時に「難しい！」「できない！」「私には無理！」と否定的な相反する感情のエネルギーを発しているからです。

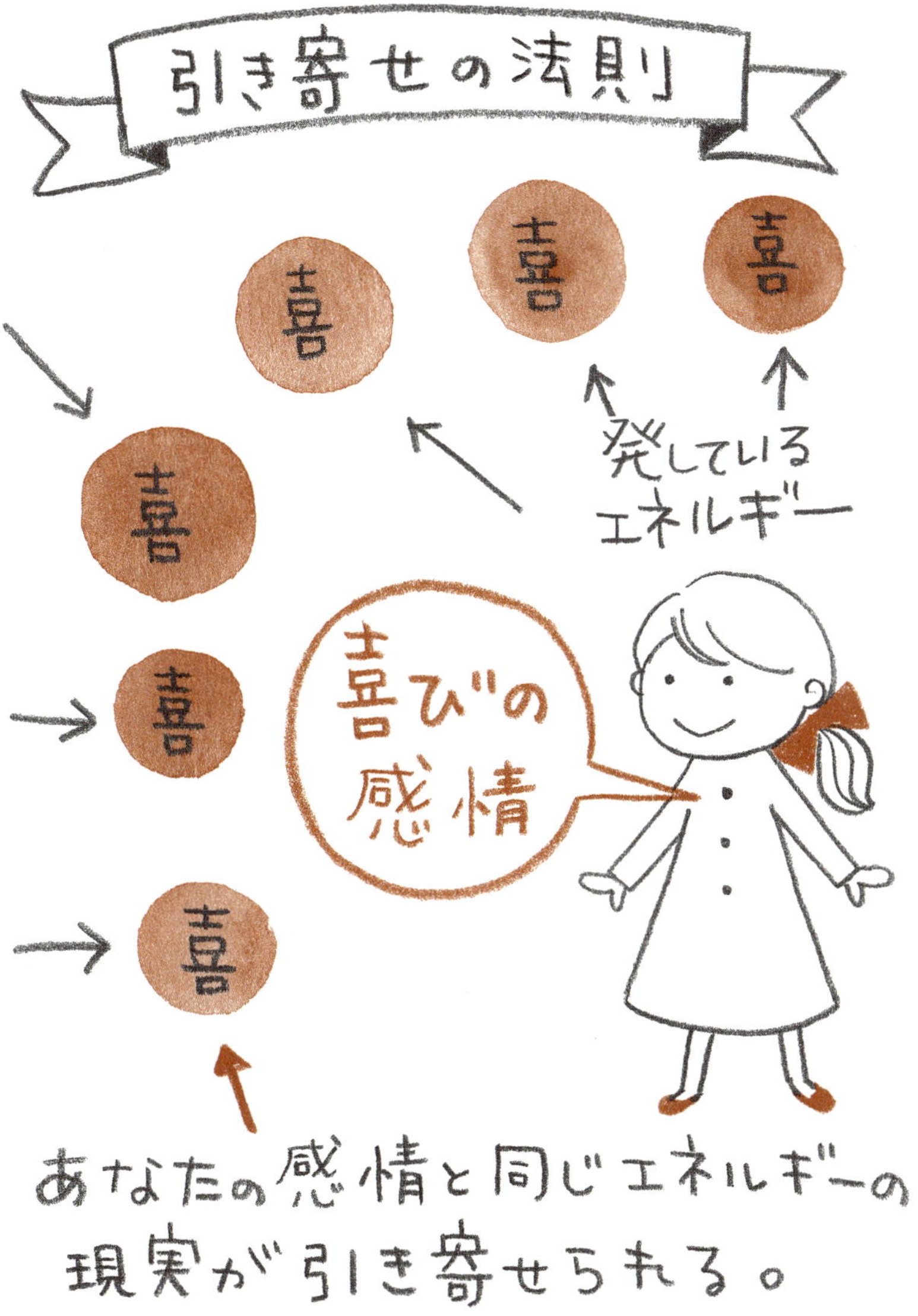
引き寄せの法則
喜
喜
喜
喜
喜
喜
発している
エネルギー
喜びの
感情
あなたの感情と同じエネルギーの
現実が引き寄せられる。

引き寄せを「方程式」にしてみると

方程式にするとこんな感じです。

「こうなりたい」（望む現実をイメージ）×「楽しそうだなぁ、嬉しいなぁ」（イメージしたときの感情）＝望む未来が現実化

「こうなりたい」×「きっとできないでしょ」「難しいなぁ」＝望まない未来が現実化

たとえば、「ハワイ旅行に行きたい」と思った場合。

ハワイの海でのんびりして綺麗な景色を眺めながら、ビーチでトロピカルジュースを飲んで、「あぁ幸せだな……」。

大好きなショッピングで、お目当てのバックが買えて、「あぁ、なんて楽しいのだろう」。

実際にハワイ旅行を体験しているとき、またはお目当てのバックを手に入れたとき、前述した通り、「あぁ幸せだな……」「あぁ楽しいなぁ」。あなたはこんな感情を抱くのではないでしょうか？

この「望む未来」を体験している際の感情と、「今」あなたの頭の中でイメージし発した感情が同じものであるならば、それは必ず「現実化」します。

感情は「周波数」を持っている

詳しく解説していくと、「感情はエネルギー」であり、「喜び」「感謝」「怒り」「悲しみ」など感情別で**それぞれ特有の振動数（周波数）を持っています。**

宇宙全体に働く引き寄せ、というより、「共鳴引力の法則」が働いているため、その同じエネルギーの振動数同士が引き寄せ合う。こんな世界で私たちは生きているのです。

なぜか似たものをまとう人同士で友達になる、「類は友を呼ぶ」も然り。

また、TVのチャンネルも、携帯電話もラジオも、それぞれ周波数を合わせることで見たいものを見、聞きたいものが聞けるような仕組みになっています。

ラジオも628HZのFMラジオを聞きたければその同じ周波数の出ている628HZに合わせますよね？　携帯電話もそれぞれの番号により電波の周波数が違うのです。

Aさんの持つ携帯番号の、000-000に電話をかけたいのに、111-111

と発信していてはAさんに繋がりません。

もしこれまで、あなたの思考が現実化しなかったのだとしたら、それは自分の現実を意図的に創っていくうえで、これらのカラクリをしっかり理解できていなかったから。そのために一向に思考が現実化しなかったのです。

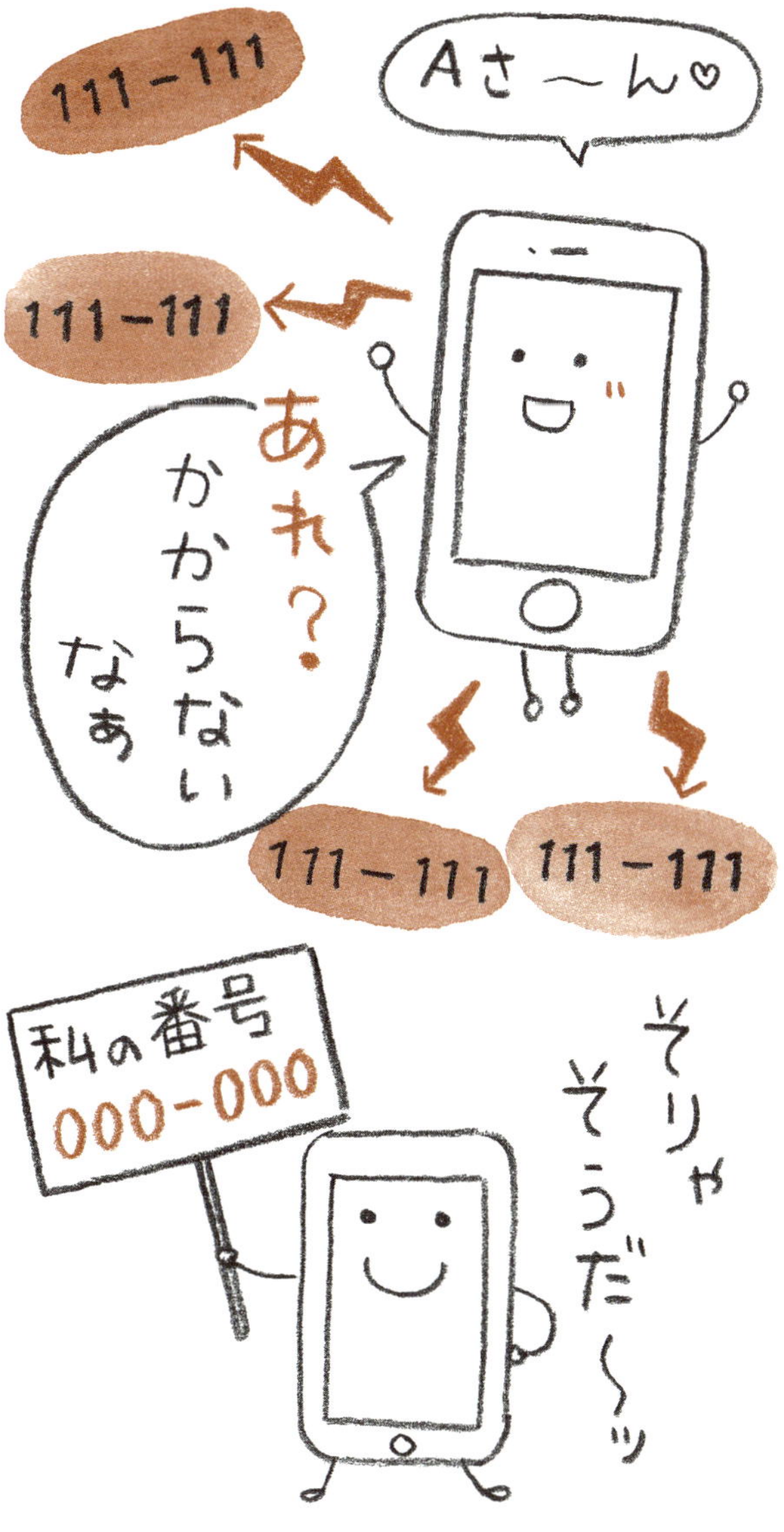
Aさ〜ん♡
111-111
111-111
111-111
111-111
あれ？かからないなぁ
私の番号
000-000
そりゃそうだ〜ッ

多くの人が陥りがちな失敗

「望む現実」というものを考えたとき、結婚でも好きな仕事に就くでもなんでも良いのですが、事象自体は人それぞれ違っても、**その現実を体験したとき感じるであろう「感情のエネルギー」は、誰しもが「喜び」や「感謝」などの幸せのエネルギーだと思います。「それ」にチャンネルを合わせなければなりません。**

頭の中でその未来をイメージしたとき、「あぁ、幸せだなぁ。あぁ楽しいな」と、「今」の感情のエネルギーをあなたが発するのであれば、「チャンネル」はそれに合っていますから現実化していきます。

ただ先ほどからお伝えしているように、**多くの人は、頭の中で未来をイメージしたとき、「あぁきっとそんなこと私には無理」「叶うはずない」**と「今」が悲観もしくは絶望のエネルギーを発しているため、創り出したい未来と「チャンネル」が合っておらず現実化が起きないのですね。

今発した「悲観」「絶望」のエネルギーが、未来にそのまま現実化してしまうのです。

望む未来
幸せ
Love
合ってる
今
幸せ♡
うれしい
叶う人

すぐそこに望む未来が待っている

成功者の方がよく、「書けば叶う」と提唱されている裏には、例外なく、その夢や目標を書き出す際に、「そんなの無理!!」「叶うはずない！」という感情を発していないことが考えられます。

彼らは書きながらその未来をイメージし、ニヤニヤしたりワクワクしたり、「これが叶ったら凄いことだなぁ！」と希望を伴うエネルギーを書きながら発しているために（望む現実にチャンネルが合っている）、未来に現実化させることができるのです。

世の成功者たちは言います。

「思考は現実化する」

「書いたら夢は叶う」

彼らにとってはどちらも真実です。でも表面的な言葉に私たちは惑わされ落胆してきました。

「思考なんて現実化しない」「書いても夢なんて叶わなかった」

……ハマってしまっていた罠にもうお気づきですよね?

「思考した際の感情のエネルギー」「書いているときの感情のエネルギー」

そう、実はこれが何よりも重要!!

ポイントは創り出したい望む「未来」と、「今」あなたが発する感情のエネルギーのチャンネルは合っているか? という点です。

だから〝今〟あなたが良い気分でいることが非常に大切なのです。

あなたが〝ホッ〟とした良い気分でいるのなら、それは目的地にしっかり向かっている証拠だからです。

これは自分の人生を創造(クリエイト)していくうえで、非常に必要な要素となりますので、ぜひポイントとして覚えておいてくださいね。

そのうえで、次章は実際に一体〝何からはじめていけば良いのか〟の実践方法について触れていきます。

まとめ

第1章

うまくいかないのはこんな理由があった!
本当の「引き寄せ」のヒミツ

*

思考が現実化しないのは、思考した際、
ほとんどの人が「難しい!」「できない!」「無理!」と
否定的な感情のエネルギーを発しているから

*

「望む未来」を体験しているときの感情と
「今」自分が頭の中でイメージした感情が同じなら、
それは必ず現実化する

*

「感情はエネルギー」であり、
「喜び」「感謝」「怒り」「悲しみ」など
感情別でそれぞれ特有の
振動数(周波数)を持っている

*

成功者の夢が叶うのは、
彼らがその未来に希望を乗せているから。
望む現実にチャンネルが合っているから

*

「心地良い気分」でいることは
目的地にしっかりと向かっている
ということでもある

chapter 2

第2章

カンタンなのに
成功しやすくなっていく！

「感じ方」の トレーニング 方法

あなたはどうやって出会ったのか?

前章で「引き寄せの法則」がうまくいくためには、「感情」がポイントであることをお話ししました。

そこで、『3日後「引き寄せ」日記』が実現しやすくなるために、まずは「感じ方」のトレーニングからはじめることにしましょう。

ただ……その前に、そもそも「なぜみんながうまくいかなかったのか」の細かい分析からしていきたいと思います。

「ノートに書いても叶った試しがない」「願ったことは何も現実化しなかった」

「引き寄せの法則を知り、実践してみて挫折した」

これまでこのような声を私はたくさん聞いてきました。

もちろん色んなケースがあるとは思いますが、あなたがこの「引き寄せの法則に出会った」ということは、「今の現実が嫌だから人生をなんとかしたい」。

具体的には、
結婚できない! なんとかしたい
お金がない! なんとかしたい
彼氏ができない! なんとかしたい
復縁できない! なんとかしたい
痩せられない! なんとかしたい

これらのどれかの状態に当てはまる方が多いのではないでしょうか?
「なんとかしたい!」という、あなたが求めたその答えとして、こうして「引き寄せの法則」をしっかり〝引き寄せ〟たわけですが、ここからが問題なのです。

この宇宙に働く見えない力について、本質を理解しないまま多くの方が、「Ｈｏｗ ｔｏ」に目を向け望むものを引き寄せようと躍起になって、多くの本に書かれている
そのための「Ｈｏｗ ｔｏ」に頼り、「行動」にフォーカスして動きはじめます。

痩せたいのに逆に太っていく⁉

例をあげてみます。

痩せたい・ダイエットをしたいAさん。

何をやっても痩せられない彼女は、ある日、本屋で引き寄せについて書かれた本に出会います。

「日付を決めて夢や未来を完了形で書き出しましょう！　そうすると叶います」

「痩せたい！　今の自分をなんとかしたい！」という、もはや藁にもすがる思いのAさんは、夢を叶えるため、その言葉を素直に信じてノートに書きはじめます。


「○月○日私は痩せることができました」

書かれている通り、彼女は未来の日付とともに完了形で書き出しました。

でも、その日にちは近づくのに一向に痩せる気配はなく焦る毎日。

そして設定日を迎えて、むしろ以前より体重は増加の傾向。

「おかしいよ、なんでなの？　言われた通りやってるし、願いが叶いやすい新月の日にちゃんと願いを書いてるのに！！！」

もともとこの見えない世界に対して不信感があるなかで、言われた通りやったけれどやっぱり無理だった。

「結局こんな世界あるはずがないんだ」

これでやっと変われるかも、と希望を抱いた彼女は、最終的に引き寄せに出会うことで「どうせ何をやったって無理」という、あきらめの思い込みを新たに背負い生きることになります。

ちゃんと書いたのにッ
やせないなぁ
?なんで?
イラッ
日記
みらい
Donut

感じ方と反応を変えていくトレーニングが必須

Aさんのように、引き寄せの落とし穴にハマってしまっている方の、心の動きを簡単にまとめるとこんな感じです。

1　何かどうしても叶えたいことがある。それを手にしていない今は不幸。どうにかしたい。

↓

2　引き寄せの法則に出会う。

↓

3　とにかく、叶えるために引き寄せたい。叶えるために言われた通り願いをノートに書く。
叶えるためにアファーメーション。
叶えるために瞑想。叶えるために新月にお願いごとをする。

4←

結果が出ずに落胆し、「結局人生なんてなんともならない」という思考に落ち着く。

1、2までは問題ありませんが（1、2まではOKとして）、3に入る前に解決しなければいけないことは、「それがない今の自分は不幸だ」と感じている点。

こういった方は、現実に対する自分の「感じ方」と「反応」を変えていくトレーニングが必要で、ここが変わらない限りは、前述した通り、いつまでたっても願いが叶ったとしても感じ方は「不幸」のままなのです。

今の思考の状態をチェックしてみよう

自分の現在の思考パターンの「クセ」を客観的に分析してみること。これが第1歩です。

はじめに今、あなたはどの位置にいるのか、確認してみてください。

それぞれの3つのステップで、〝思考の状態〟にかなり「差」があるのは見ておわかりになるかと思います。

第1ステップ

☆毎日がつまらない
☆自分はあまり幸せではないと思う
☆他人と比べることが多い
☆他人の評価が気になる
☆自分は価値も才能もないと思う

☆どちらかというと批判的だ
☆どうせ私なんて〜が口癖
☆最近心から笑った記憶がない
※こちらの内容に当てはまる項目が多い方は、まずほったらかしにしてきたと思われる「思考」の持つ力の偉大さへの理解と、それをコントロールする訓練をして、毎日の小さな幸せに目を向けられるようにしていきましょう。

このステップの方たちに必要なキーワードは、まず「良い気分」でいることのみです。

第2ステップ

☆物事を鮮明にイメージするのはあまり得意ではない
☆毎日は幸せだが、夢はない
☆毎日は幸せだが、もっとワクワクしたい!
※土台が整ったあなたが次にやることは、イメージする、あとはまだ思考がブレたりするときもあるのでそれを徐々に確立していく。この2つです。そして、このステップが必要な方たちに必要なキーワードは、「イメージ力の強化」と「見えない力への絶対的な信頼」です。

第3ステップ

☆自己肯定感が高い
☆毎日幸せだ
☆夢がある
☆ワクワクするようなやりたいことがある
☆人生は喜びに溢れていると思う
☆1日を通して良い気分で過ごしていることが多い

※引き寄せの法則や自己啓発本に書かれている目標を紙に書き、引き寄せたいものをイメージしてみてください。第3ステップの方はすぐに結果が出るはずです。

いかがでしょう。

あくまでもこれは「How to」の部分で方法論の話ではありますが、前述した通りあなたの〝感じ方〟により現実は創られているので、いくら表面的な部分で取り繕うとしてもあなたの心の部分である内側が変わらなければ、外側は変わってはいきません。

紙に書く、イメージする。

この方法でスムーズに現実が創られるのは、私が思うに第2ステップ、第3ステップの思考状態の方です。

今までの多くの方のケースは、第1ステップの思考状態から、いきなり望む最終目的地に向けてスタートしてしまったがために、うまくいかなかったのです。

さぁ、あなたは「今」どの位置にいますか?

短期間で私の現実が変わっていった理由

では、客観的に今回の私のケースで分析をしてみます。

私の場合何かを引き寄せたいわけではなく、本当にひょんな形で、「引き寄せの法則」というものに出会っています。

少し自分の話をさせていただくと――。

幼少期の家庭環境の不協和音により15歳のとき家を飛び出しており、そんな経験からもともとはかなりネガティブな地点に立っていた人間でした。

以前、そんな人生を呪いながら生きていたときに本で読んだ精神世界の話。

そこで見た「自分の感情を見つめてみる」というようなことをはじめたところ、心に平和が訪れはじめて、以前はよくイライラしたり人生を呪い、自分は不幸だと思っていたのに……。**現実はまだ何も変わっていないのに、「なんだ自分って幸せだった**

のかも」と感じられるようになっていきました。

それからは「今」幸せを感じる、「今」を楽しむことについての理解はしていたため、私の場合、思考や心の状態でいうと第1、第2ステップの間ぐらい。

ある程度の心の感じ方の土台が整った状態で、「人には〝創造力〟があり人生を自分で自由に創っていけるんだ」という引き寄せの法則の遊び方を偶然知ったので、現実が変わっていくのが少し早かっただけです。

第1ステップに位置する方が一番「結果」を早くほしい気持ちはよくわかります。

でももしあなたがそうであるならば、「今」ここに対する現実のとらえ方、感じ方をまずは変えていくことが先決です。

その方法は次章の実践ワーク内で書いていきます。必ずあなたの現実は変えていけるので、結果を求めて焦らないでくださいね。

ねえ
早く結果が
欲しいの
幸せになりたいのッ
不安
あせり
不幸
この感情
エネルギーじゃ
ムリニャの
よ
だからぁ
今、
あたちを
見て
幸せを
感じて♡
猫好きでしょ？

人生を自由に楽しく創っていくうえで一番必要な自己肯定感について

次の2つの思考状態を比べてみてください。

昨今の自己啓発系の本の中には「ネガティブな感情は悪く、ポジティブな感情が良い」ととらえられることもあり、ネガティブな感情を抱く自分に対して嫌悪感を抱き苦しんでいる方をよくお見かけします。

① ネガティブになっている

でも別に今はこれでいっか。だって腹が立つんだもん。
何もしなくても別に今はこれでいっか。だって何もしたくないんだもん。
ネガティブだけど別に今はこれでいっか。だって気分が上がらないんだもん。

② ネガティブになっている

やっぱり自分って何をやってもちゃんとできないダメな人間だ。
人にムカついてしまっている。自分って最低、嫌いなあの人の良いところを見なきゃ。
また嫌なこと考えている。どうしよう前向きな考えを持たなきゃ。

自己肯定感を高めていくための第一歩としては、いったん自分の感情に対して一切の否定を止めて、「ありのまま、そのままの自分の気持ちと感じ方」を受け入れてみることです。①の状態が非常に望ましいです。ということで、「別にこれでいーんだ！」と、肩肘張ってあきらめている状態でもなく、ゆるーく「今はこれでべつにいっか。だって自分の今の気持ちはこうなんだもん」。こんな、半ば開き直りのような状態でいてほしいのです。

①
気分上がらな～い。
でも
今はこれでいっか
OK♥
安心のエネルギー
②
バカッ
ネガティブになっちゃった!!
恐怖と自責のエネルギー
前向きにならなきゃっ!!
もう

自分が発する感情のエネルギーで考えた場合

前述した①と②の思考状態（イラスト参照）を比べた場合、一見「ポジティブ」ではないように見えますが、発しているエネルギーは、「**私はこれで大丈夫**」という『**安心**』のエネルギーです。

一方②である後者の場合、内容自体は「前向き」に取り組んでいるように見えるのですが、発しているエネルギーは、「**またできなかったどうしよう、こんな自分じゃダメだ**」という、『**不安・恐怖・罪悪感・自責**』のエネルギーです。

「現実を変えていく」「意図的に未来を創る」ということは、前述した通り望む未来の現実の自分の波動のエネルギーに、「今」チャンネルを合わせていくことが必要です。

「自分が嬉しい！　楽しい！」という、幸せと喜びのエネルギーを発している未来の現実を考えた場合、『安心』と『恐怖』と、どちらのエネルギーのほうがチャンネルが合っているかはおわかりになるかと思います。

クルクルと変わる瞬間瞬間の自分の「今」の気持ちを常に、「今はこれで大丈夫！」と「そのままの自分の気持ちを、ありのまま受け止めていく」＝肯定しつづけることは、『安心』のエネルギーを生成しつづけていることになります。

そしてこの小さな安心という名の、「ホッ」とするエネルギーを積み重ねていくと、だんだんと大きな喜びのエネルギーに変わっていくのです。

だから、「どんな自分の感情も今はこれで大丈夫！」とあなたがホッとできているときは、**望む目的地にちゃんと近づいている証拠。**

自分を肯定しつづける人が発しているエネルギーは、常に「安心と喜び」であり、望む未来の現実と、常に「今」エネルギーの同調ができている（チャンネルが合っている）。

だから「自己肯定感の高い人」は望む現実を創りやすいのです。

ただ「自己肯定感」の本当の意味を履き違えないようにしてください。

自分のことを愛するとか好きになるとか、その感覚がわからなくてつまずいている方はいらっしゃいませんか?

「肯定」という言葉の本来の純粋な意味は、「その通りであると認めること」です。

だから「自分のそのままを認めることができる人」が本当の意味で自己肯定感が高い人。

要はネガティブに感じる自分も、ジャッジしちゃう自分も、批判しちゃう自分も、「今はこれでも別にま、いっか!」精神で取り組んでください。

だって未来は必ず変えていくことができるのですから。

たとえ「今」はどんな状態だったとしてもオールオッケー!! 全然大丈夫なのです。

ぜひ「希望」のチャンネルのほうに思考を合わせていてください。

「結果」ばかりを求めて焦らないこと。あなたが自分と向き合い「肯定」し、ホッとした良い気分でいられる割合が多くなれば……あなたの望む「現実」は必ず! 体験可能ですから。

次章では、いよいよ実際の『3日後「引き寄せ」日記』の具体的な方法についてお伝えしていきましょう。

まとめ

第2章

カンタンなのに成功しやすくなっていく!

「感じ方」のトレーニング方法

*

宇宙の見えない力を理解しないまま
「How to」に頼っていると
引き寄せの落とし穴にハマってしまう

*

「今の自分は不幸だ」と感じてしまう人は、
現実に対する自分の
「感じ方」と「反応」を変えるトレーニングをしよう

*

自己肯定感を高めていく第一歩は、
いったん自分の感情に対して一切の否定をやめて、
「ありのまま、そのままの自分の気持ちと感じ方」を
受け入れてみること

*

「これでいい」と肩肘を張ったりあきらめるのではなく、
「今はこれでいっか」と思うと受け入れやすくなる

*

自分と向き合い「肯定」し、
“ホッ”とした良い気分でいる割合が増えると
「望む現実」が体験しやすくなる

chapter 3

第3章

ポイントは“今”ではなく
“近い未来”

『3日後
「引き寄せ」日記』の
つくり方＆使い方

引き寄せたい「現象」や「物質」ではなく「思考」にフォーカス

今まで「結果」をいきなり求めてＨｏｗ ｔｏに走り、イメージできず、苦しくなっているそこのあなた！

半年後、1年後など先のイメージをやめて、近い未来設定をしながら、まずは「小さな成功体験を積み重ね」ましょう。

続ければ必ず変化していきます。

従来のイメージング方法は、「望むものをイメージして、それを手にした自分を想像する」。

このやり方でした。

たとえば、「10万円の月収で３００万借金があっても１００万の月収になることをイメージして！

「彼がいなくてこのまま結婚できるか不安だけど、素敵な彼が現れたことをイメージして！」

たとえば前章の第1ステップに当てはまる方などは、これができないから困ったりしていませんでしたか？

反対に「引き寄せの法則」を理解して、きちんとこのイメージができれば100％現実になるわけです。それなのに成功している人が圧倒的に少ないのは、「今」の現実から「未来」へのイメージがなかなかできないから。

さらに深く追求すると、嫌な現実を引き寄せている今の「思考」や「感情」の自分の波動から、望むものが手に入った状態の思考・感情の波動にシフトするということなので、

「10万円の月収→100万円の月収」

「彼がいない→彼がいる」。

こういった「現象」や「物質」をイメージすることをいったんやめてみる。

イメージしても、マイナスな思考や感情が出るのですから「思考」自体をイメージする方法をやってみてください。

つまり、苦しさを感じている「今」の現実から、「ホッ」とできている自分をイメージするということです。

さらに大分先のことはイメージしにくいため、未来を近い3日後ぐらいに設定。

「〝今〟は不安で苦しい。でも3日後の〝未来〟の私の思考はすごく前向きで、喜びを感じられるようになっている」

こんな感じです。

たしかに見ている現実は変わらなかったとしても、その「苦しみの思考から解放された」状態を考えるだけでも、少しワクワクしませんか？

「悩み」が「悩み」でなくなったら？

そのときのあなたは、きっと「ホッ」としているのではないでしょうか？

その前向きで明るい喜びの「思考」に3日後にはなっていて、そうなったときの「めっちゃ嬉しい！」という感情もイメージする。

この「苦しくてどうにもならない、頭の中のぐるぐるから解放された、3日後の自分が「今」存在しているのです。

これを少しずつ繰り返しつづけていけば、自分の出す波動はだんだんと変化していきます。

そして「土台」が整えば、結局「今」満たされた思考、波動になってくるので、次のステップの現象をイメージすることも簡単にできます。

未来の「現象」や引き寄せたい「物質」をイメージするのをやめて、

引き寄せたい少し先の未来の自分の「思考」をイメージしてみる。

3日後には、前向きで、明るくて、喜びに満ちた「思考」に変化している！

1か月も経てば苦しみの「思考」なんて忘れるぐらい、ワクワクした「思考」に変化している！


起きる現象などはどうでもよくて、自分で思考をコントロールし、常に「良い気分」を選択できるようになったことがすごく嬉しい！


こんなイメージからスタートしてみてください。

次は「実践ワーク」で、これらのイメージが自然とできるようになる方法をご紹介していきます。

「3日後の私は
ゴキゲンになっている♡」

今それをイメージして感じてみる。

実践ワーク

1 引き寄せたい物・人・現実ではなく、まずはなりたい、引き寄せたい3日後の思考状態を書き出してみます。

今の問題が解決されたら、そのときのあなたは「ホッ」とできていませんか？

今の悩みがなくなったら、そのときのあなたは「解放感」を得ていませんか？

自分を責めてしまう思考のクセがなくなったら、そのときのあなたは「自由」を感じていませんか？

その少し先の未来の自分が感じている感情をイメージし書き出します。

例：3日後には今よりもホッとした状態になれている。あぁ、幸せだなぁ。

3日後には今よりもありのままの自分を認めることができている。あぁ、嬉しいなぁ。

2 今度は3日後の自分の創りたい現実をイメージし、そのときの自分の感情を味わってみます。

例：3日後の自分は定時で上がれている！　あぁ、幸せ〜！
3日後の会社の飲み会は本当に素敵な時間になった。嬉しいなぁ〜！
3日後の自分は今より仕事がスムーズにこなすことができている。楽しいー！
3日後の自分は今よりも体の痛みが和らいでいる。有難いなぁ。

こんな感じです。3日後に設定しているのは、無理のない範囲でイメージ力を高めていくため。

そして望む未来に思考のフォーカスを向けるためのトレーニングです。

ご覧の通り、最後の「感情」を一緒に書き出すことがキーワード。「嬉しいなぁ」「楽しいなぁ」「幸せだなぁ」と感じている、3日後の自分が「今」いる。

そんなふうにイメージしてみてくださいね。

3 最後に自分が創りたいもっと先の未来の現実も書き出してみましょう。

※イメージできなくても構いませんので、「きっと無理、難しそう」などの、あなたの中にある思考の制限は一度全部抜きにして、「本当に自分は何がやってみたいか」を考えてみてください。

できるかできないかではなく、あなたがこの人生で本当にやってみたいことは何ですか？

書くのはタダです！　恥ずかしがらずに素直になって書いてみてください。

あなたの望む未来の状態を書き出してみよう！

〔例〕
豊かさ溢れた生活を送っていて本当に楽しい！
自由な時間を手に入れ大好きな仕事に就いて最高に幸せ！
大好きな趣味に没頭する時間とお金があって感謝しかありません。

〔書き方一例〕
今日が8月1日だった場合。
「8月4日、とても安心感に包まれた1日でした。幸せ〜！
8月4日、定時で上がれてラッキー！。めっちゃ幸せ！」
※1、2に関してはできれば1か月間、毎日ノートに書き出すことをおすすめします。

トレーニングと同じですから、1、2回で変化するという話ではありません。ただ1か月も続けてもらえれば確実に「心」に変化が訪れ、現実は後追いで動きはじめます。

3は一度の書き出しで大丈夫です。

カーナビと同じです！　目的地を設定すれば、かかる時間は人それぞれですが、宇宙は必ず目的地までナビゲートしてくれます。

書き出したことでとりあえずは設定完了！　あとは安心して委ねてくださいね。

そして変化していく自身の「心と現実の変化のプロセス」を、ぜひじっくりと楽しんでください。

「こんなことしたってどうせ無駄でしょ」

「こんな〝子どもだまし〟みたいな行為に一体全体意味はあるのか？」

最初はそんなふうに思われる方も多いと思います。

ただ、そうやってあきらめてしまうのであれば何もはじまりません。

あなたが創りたい世界を創りたいように創り上げてください。

実際のところ、常にあなたはすべてを自由に創り出し選択できる位置に立っているのです。

Goalを先に設定するだけで
必要な情報が自然と集まってくる。
start
Hi
サポートしてくれる人
いい物件
Goal
GOAL
カフェオープンしたい♥

「3日後」じゃないといけないのか？

遠い先の未来がイメージできなくて、私は身近な未来設定ではじめましたが、近いと反対に「制限」がかかるようでしたら、1年後、その先の大きな夢の設定をしてください。

一方で、いつもより仕事が早く終わったという、終業7時間後の自分の状態をイメージしてもＯＫ！

どうしても成功させたい商談が終わった3時間後の自分でもＯＫ！

苦手だと思っていた人と笑顔で話すことができた、明日の自分をイメージしてもＯＫ！

どんな現実を自分は「体験」したいのかを頭の中で決めてから、時計の針を進めていく。

「希望」に焦点を合わせ「未来を自分で創っていく」。この感覚をつかんでいただきたいだけなのです。

最大のポイントは「惰性の思考からの脱却」です。


望まない現実に対して不平不満を感じ、そして未来には「不安」を抱く。こんな思考のチャンネルに合わせながら生きていては、望まない現実ばかりを体験することになってしまいます。


その「クセ」を直していくためのトレーニング。

やりつづけていただくことで、「今」の現実に対しての感じ方がだんだんと変わっていき、未来に「希望」を抱けるように必ず変わっていきます。

そしてあなたの内面が、内側が変われば、その投影である外側の「現実」は否応がなしに変化してしまいます。

引き寄せポイント

1

書いたことが叶ったかどうかの答え合わせはしない。期日は「ズレ」が起きることを含んでおいてください。

2

その日に現実化しなかったからといって落ち込まないこと。そのままあなたが「希望」のチャンネルに思考を合わせて進みつづければ必ず現実化します。

3

まずは、日常的な内容でチャレンジをしつづけてみてください。細かい未来設定をしながらゲーム感覚で。

カリスマブレス職人リールゥさんの話

以前の職業、「公務員」であることを明かすと、「羨ましいわ〜。安定してるし、一生安泰ね〜」「休みも取りやすいし、早く帰れるんでしょ〜」と言われたものです。しかし本音は辞めたい！　公務員が天職ではない！　他にやりたいことがあるはず！　時間が自由になる在宅で収入を得たい！　でも、どうやって？　どうやればそれが探せるの？　等々、答えを悶々と探している日々でした……。そんなとき、Ｈａｐｐｙさんのブログに出会い、以前から知っていた「引き寄せの法則」を書いた本とは何かが違ってさらに具体的でびっくりしました。そしてＨａｐｐｙさんがブログで行っていた「３日後未来日記」や「夢の実現ノート」など見よう見まねではじめてみたのです。

「３日後未来日記」は１月24日に書いて、１月30日にＨａｐｐｙさんのブログに私の書いた記事がリンクされ、アクセス数が驚異の６０００！！　読者登録してくれた方も多数いて、私のはじめたばかりのブログがいろんな人に読まれる機会を得ることができました。

そして、「実現ノート」（１００Ｐ参照）。私の長年の夢である「自分の好きなことをして在宅で収入を得て、月収50万円を越すカリスマ主婦」と書いたところ、３月で公務員を円満退職、４月の下旬には50万円超えを達成してしまったのです。

当初、在宅で好きなことをして収入を得るためには、何をしたらいいのかまったくわか

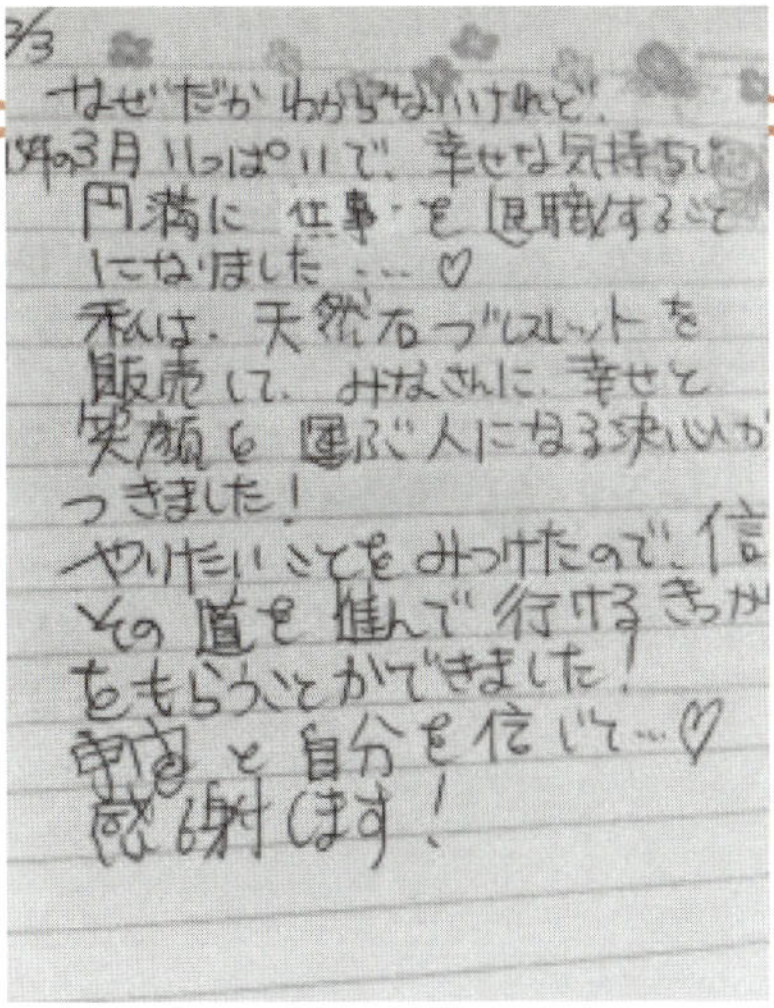
3/3
なぜだかわからないけれど、
年の3月いっぱいで、幸せな気持ちに
円満に仕事を退職することになりました…♡
私は、天然石のブレスレットを販売して、みなさんに、幸せと笑顔を運ぶ人になる決心がつきました！
やりたいことをみつけたので、信その道を進んで行けるきっかけをもらうことができました！
宇宙と自分を信じて…♡
感謝します！

実現ノート

っていなかったのですが、当時、天然石のブレスレット作りにはまっていて、新作ができたらブログにちょこっとアップしたりしていたところ、「売ってほしい」という人が現れて。2月は、寝る間も惜しんで作りつづけ、サイトにアップしつづけ、ブログを書き、ブレスを発送するような日々が続きました。さらに、3月には円満に退職して、ブレスレット職人としてやっていきたい、という思いが強くなりましたが、公務員は、予算や人員確保のために、遅くとも半年前までには退職を申し出ることが習わしのため、「実現ノート」に書いておいて、後は「宇宙におまかせ！」状態にしておきました。

結果、3月いっぱいで、職場と私、双方が1番いい形で退職することができました！

でも、これはどこかで、絶対になると信じていました。1月から数々のミラクルを起こしている自分ならば、もう当たり前のことだろうと思っていたのです(※)。

お陰様でブレスレットのオーダーは依頼が殺到し1年待ちの状態です。これからも3日後日記と実現ノートを使い、希望のエネルギーにチャンネルを合わせながら毎日楽しく過ごしたいと思います。もう最高!!

※リールゥさんの例も見えない力への小さな日常の成功体験が自信につながっていき、発するエネルギーが「希望」になっていったので現実化したのです。

まとめ

第3章

ポイントは“今”ではなく“近い未来”
『3日後「引き寄せ」日記』のつくり方＆使い方

*

引き寄せたい「現象」や「物質」ではなく、
なりたい「思考」にフォーカスする

*

大分先のことはイメージしにくいため、
未来を近しい3日後ぐらいに設定するのが良い
反対に3日後でなくても、5時間後、半日後の未来に立ってもOK!

*

「きっと難しそう」など、思考の制限は抜きにして
「本当に自分は何がやってみたいか」を考える

*

1、2回では変化は起きないが、
続けることで確実に「心」に変化があらわれ、
現実は後追いで動きはじめるようになる

*

一度の書き出しでOK!
書き出したことで設定完了。
あとは宇宙が目的地までナビゲートしてくれる

*

人は本来すべてを自由に創り出し
選択することができる

*

「希望」に焦点を合わせ
「未来を自分で創っていく」感覚をつかんでいく

chapter 4

第4章

想像もつかない
良いことが次々と現実化！

「3つのノート」で人生が変わる！

夢が叶う道のりまでも楽しいものに!

ここまでいかがでしたでしょうか。〝実践ワーク〟を繰り返すことで自然とその感覚をつかめるようになっていきます。

あせらずゆっくり自分のペースでトライしてくださいね。

この本もいよいよ最終章となりました。最後にお伝えしたいこと、それは毎日の日常についてです。

これまでの方法によって、様々なことが叶いやすい体質になっていくことがおわかりいただけたかと思いますが、そのうえで大切にしてほしいこと。それは、私たちが生きる毎日の「日常」についてです。

この些細な日常をいかに楽しく幸せを感じながら過ごしていけるかは、一種のスキルのようなもの。

日々の小さなトレーニングで思考のクセが直れば、夢が叶うその道のりまでも「楽しくて幸せ」を感じられるようになり、ますます心豊かな毎日を過ごすことが可能になりますよ。

どんな現実を自分は「体験」したいのかを決めてから時計の針を進めていく——。

ここまではそのための思考法をお伝えしていきましたが、ここからはもう1つの思考法についてお話ししていきましょう。

ここでは具体的に私が行った実践方法をシェアしていきますね。

以前の私はこんな思考でした。

もしその日に新しく出会う人がいるなら、「その人と話が合うかなぁ？」。

職場で嫌な人がいれば、「今日もあの人とペアだったら嫌だな」。

仕事で苦手なジャンルの内容があると、「あ、またミスしそうだなぁ」「上司に怒られそうだなぁ」。

ご覧の通り、基本はすべてこれから起きる「未来」に対し、「不安」にチャンネルを合わせながら過ごしていたのです。

自分は「こんな未来を体験したい」のかを考えるのではなく、「不安に目を向け、こうなりそうだ」と思考する。

この「思考のクセ」を変えていくためにやっていたことをご紹介します。

すごく非現実的な話をしますが、今、時計もカレンダーもすべてがこの世界から消えてしまったら。

今年が2015年○月○日何時何分だと証明できる「何か」が何もなかったら。

時間と日付の概念がなくなってあなたは、「空間」にただ「存在」しているだけだったら？

「現在2015年○月○日○時○分」だという認識はなくなるわけです。

日常でもたまにありませんか？

あれ？　今、平成何年だったっけ？

あれ？　今日何日だったっけ？

みたいなこと。

この状態で、いったん、「今」のタイムラインを「未来」のその地点にいるということに頭の中の認識だけ変えてしまうのです。

たとえば今日が2015年8月10日だとします。この「今」という地点から「未来」である8月11日のことをイメージしようとしてみても、頭の中で考えた「それ」が本当に現実化できるのかどうか、どうしてもまず「不安」が出てきてしまいます。

今
未来
Point
「今」のタイムラインは
「未来」にいると
頭の中の認識を
変えてしまう

設定さえすればゴールはすぐそこ！

ここでは、どのように人の頭の中で、その現実が創られるのかを解説していきます。

たとえば、朝起きて会社に行く「今」を朝の8時だとします。
会社には嫌な上司がいます。

あなたはきっとこう思考するのではないでしょうか？
「あーまたあの嫌な上司と今日も顔を合わせて仕事するのか」
この「未来設定」を頭の中で行っているのです。
チャンネルは望まない現実である〝不安〟や〝絶望〟に合っています。
「嫌な上司」と設定をしているため、すべての言動が〝嫌〟だと感じます。
そして相手に〝嫌い〟のエネルギーを送るので、相手もあなたに対し同じ反応を示します。こうして「嫌な上司に嫌味を言われる望まない現実」を見事体験することができるのです。

この状態……ある意味自分の望み通りだということを理解してください。

一度、「あなたは会社でどんなふうに過ごしたいのか？」を考えてください。

いつものように、ダラダラと「今日も嫌な上司が……」と惰性的な思考をする前に、

時間を巻き戻して朝の8時へ。

「意図的に思考」するのです。

「〝今〟は既に夕方の帰宅した時間帯」だと頭の中で設定し、未来のタイムラインに立ってみます。

〝今〟は夕方18時。今日はなんだか上司とも笑顔で話せた。嫌だと思うことを一度も感じることがなかった。職場全体が今日は平和でとても幸せだった。

あなたは〝希望〟に設定しました、チャンネルは〝望む現実〟に合っています。

頭の中の設定通り脳は情報を集めようとするので、上司と笑顔で接することができるよう、自分の振る舞いが自然と変わり、相手の良いところも自然に見つけようとするので、結果、「上司と笑顔で話せて幸せな1日だった」という現実を体験することになります。

引き寄せの法則は別に〝不思議〟な話ではまったくありません。

例にあげた通り、「不安」にしろ「絶望」にしろ「希望」にしろ何かしらあなたは「未来設定」を行っています。それに合わせて脳が情報を集めだし、自分の言動立ち居振舞いまで変えてしまい、「設定」した現実の体験に向けて見えない力が総動員して動きはじめてくれるわけです。

カーナビと同じ、設定をすればそのゴールに向けて必ず動いていくことになるのです。

どうせ、何かしら「設定」しているのですから、自分の好きなように自由にそして〝意図的に！〟未来設定したほうが楽しくなってきませんか？

「未来を思い出す」ことで驚くべきことが起こり出す

そこで、私が行っていたのは、「今」がすでに2015年8月11日だということに、頭の中の認識を変えてしまって、この日がどんな1日だったかを振り返る。

「未来のその日にあったことを思い出す」というやり方。

たとえば「今」は「2015年8月10日午後8時」なんだけど、「2015年8月11日午後8時」だということに頭の中で決めてしまうわけです。

すると「今日はどんな日だっただろうか？」の質問に、「2015年の8月11日という1日は、自分にとってどんな日だっただろうか？」と、未来である「その日」のことを「振り返り、思い出す」作業が必要となってきます。

「今日は苦手なあの人と仲良く過ごせて、1日笑顔で過ごすことができた。
嫌だと思っていた仕事もなぜかサクサクと完璧にこなすことができた。
初対面でどんな人か不安だった○○さんとも話が弾み、めっちゃ楽しかった!!
今日も楽しく幸せな1日だったな～☆〃
――2015年8月11日――」
でも、実際これを書いている日は、2015年8月10日。

こんなふうに**「未来を思い出す」**というかなり奇妙なやり方をすることで、もうすでに「明日が終わったところ」に自分が立たなければいけなくなります。
すると、**明日どんな1日になるかわからないと、「不安」に思考のチャンネルが合っていたものが、「今日はこんな1日だった」と自分が望む「希望」にチャンネルが変わりはじめるのです。**

よく「願い」はすでにそうなった〝てい〟で「○○になりました」の「完了形」で書き出すと良いと言われますが、実際違和感をいだくこともたしか。
でももし、反対にその日が終わってしまっていたならば、「完了形」で書かないと違和感を覚えるはずです。

頭の中のタイムラインを変える

3冊のノートがあなたの明日を変えていく

「未来を振り返って、思い出す」

この方法でまず書いてみた1つ目のノートが「実現ノート」です。

2014年3月。ブログをはじめる際に「2015年の3月に自分は『今』いる」という感覚に立ち、2014年の1年間に自分に何が起きたかを振り返り、思い出してみました。

今がもし2015年の3月だったならば、2014年のこの1年、私の人生には一体何が起きただろうか？
☆2014年の4、5月ブログのアクセス数がだんだんと上がり人気ブロガーなってきた。

☆2014年12月にはブログの書籍化が決まり、ライフスタイルも劇的に変化した。

夢が叶う破片一つすら見つかっていなかったその地点で、未来を思い出しながら書いたこれらのことが、実際本当の2015年3月のタイムラインに立ったときにはすべてが現実化していました。

1年間の振り返り。ですので「実現ノート」に関しては、内容的にちょっと大きめのイベントを書き出したものになります。

2つ目の小さなノートは常にバックに忍ばせ持ち歩くことで、日常レベルでの未来のこと。

明日がすでに終わったことにして、その日1日の日記を先に書き込んでみたり、「これやりたいなぁ」とか「こうなりたいなぁ」など、ふと浮かんだ頭の中での「やりたいこと」をいつでも書き出せるようにしているノートです。

3つ目は手帳。手帳にも適当に「未来を思い出し」、その日付に予定を書き込んでいました。そして、「2、3か月こんなことを続けていたら、〝未来〟の自分がすでに〝今〟存在している」と、脳が錯覚を起こしはじめたため、頭の中での未来への不安はだんだんと薄れていきました。

それから以前は、「○○したいなぁ」「なったら良いなぁ」という自分の〝心の声〟も、今までであれば、「そんなの無理！」とすぐに自分でNGを出してしまっていたのですが、「書き出す」という行動を通じて〝心の声〟に蓋をしなくなり、頭の中で浮かんだものはとりあえず書いてみるようになりました。

これを繰り返すことで「自分のやりたいこと、体験したい未来」が明確になっていったのです。

因みに実際、実現ノートを持ち歩き「ミニノート」に、手帳に……と3つを作成していましたが、これらに〝ちゃんとした〟仕分けや〝ルール〟は作っていません。

それは、未来に対しての「不安」の思考チャンネルを「希望」に変えていきたかったことが目的であり、その日付に「絶対叶えなきゃ」「いつ書かなきゃいけない」ではないからです。

あなたもぜひこの、**「体験したい未来を書きつづけた」**という点に、フォーカスしてほしいです。

昨日と今日でまったく内容がバラバラでもいいです。昨日はイラストレーターになりたいと思ったのに、今日は作家になりたいと思った。今日は行きたい国がインドだったのに明日はブラジルに変わった。こんな妄想をして、その頭の中のイマジネーションを遠慮なく書きつづけてみるのです。

その結果、「書いたことが現実化した」だけの話であって、「1回書いてドンピシャですぐに引き寄せて」をするための一発屋のようなワークではなく、**「未来希望型」の〝思考グセ〟に変えていくということ**が、このノートで本質的にお伝えしたい部分です。

でも前述の章でも申し上げましたが、チャンネルさえ合わせてしまえば見たい現実はどれだけでも見ることができるため「未来不安型」から「未来希望型」への思考グセのシフトチェンジができた暁には、本当にもうあなたは無敵なんです！

2014
平成26年
DECEMBER
ライフスタイルが劇的に変化。
ブログも書籍化へ！
月収100万達成!!
12月
SUN.(日)
MON.(月)
TUE.(火)
WED.(水)
THU.(木)
FRI.(金)
SAT.(土)
don't forget
出版!!出版
初日で初版
完売!!!
出版日!!
初版完売
5000部!!
出版記念
パーティ!!!
100名で
大盛況!!
LIFE
NOBLE NOTE
SECTION

さぁ、今からはじめよう！

この本を通じて、たくさんの方が自分の中にある創造の力を思い出していただければ……そんな想いでここまでお話ししてきました。


現実は必ず変えられます。

未来はあなたが創るものです。


「本当になんでもできるんだよ！」とアラジンのジーニーがランプを持ってきたら、あなたは〝今〟なんと答えますか？

しかも願いは3つと限定されているわけではありません。いくつでもいいのです。

目の前のジーニーにあなたはなんと答えますか？　この年齢だから、子供がいるし、経験がないし、時間がないし……。

一度これらの現実世界での物質的な視点での「思考の制限」を外して、自分の人生で本当にやってみたいことは何か？

行きたいところはあるか？
勉強してみたいことは？
表現してみたいことは？
等、ぜひ自分自身と向き合い本当の心の声を探ってみてください。
そこからすべてが動きはじめます。

宇宙には、この世界すべてを創り出した、無限の可能性を持つエネルギーフィールドがあります。

それが何なのかはわかりません。でも存在していることは確かなのです。

エジソン、ライト兄弟、ウォルト・ディズニー……。

世に名を残す偉人達も、この見えない力の存在を知り、そして活用していました。

時間も空間も重力も……この世界のすべてを創り出した見えないエネルギー。

「あなた」と「その見えない部分」は常に繋がりあっています。

だから実際のところ、そこにアクセスさえすればどんな現実でも創り出すことが可能なのです。

まとめ

第4章

想像もつかない良いことが次々と現実化!

「3つのノート」で人生が変わる!

*

夢を叶えようとするのと同時に、
日常生活が良い気分に変わっていくと
夢が叶うまでの道のりも楽しいモノに変わっていく

*

不安や嫌なことなど惰性的な思考をする前に、
自分がその場でどう過ごしたいかを「意図的に思考」していく

*

「未来不安型」から「未来希望型」へと
思考のクセを変えていく。
望む未来を描き語りつづける、希望にフォーカスしていくことで
「不安」や「恐れ」のチャンネルに合わなくなり、
自然と今の現実やこれからの未来に対して
肯定的に物事をとらえられるようになっていく

*

「今」の地点でこれから訪れる「未来」を考えるのをやめて、
頭の中だけをすでに「未来」のタイムラインに立たせ
「この日は何が起きたか」という具合に
未来を思い出していく作業をすることで、
「体験したい未来」が明確になっていき、
気づくと夢実現している毎日に変わっている

おわりに

現実は必ず変えられる。

未来は自分で創ることができる。


最後までお付き合いいただき、ありがとうございました。

本書の中で書いた、「自分の本当に描きたい人生は何か？」と一度フラットに考えてみることも。それを書き出してみることも。

小さなことからイメージしてみることも。どんな自分でも〝自分自身〟なんだと肯定することも。意図的に思考し自分で現実を変えていくことも。

どれもあなたが「本当の自分自身を生きる」うえで、とても大切な1つの「行動」であり「トレーニング」です。


実際私もこれらを実践してみたら、普通の派遣ＯＬだった2014年から、たったの1年で本の出版が5冊も決まり、1日何万人もが遊びに来てくれる人気ブロガーと呼んでいただけるまでになりました。

起業もし、全国でワークショップを開催。

さらに世界中でベストセラーになっている、アメリカ人著者の方を日本に招致して2千人規模のイベントの主催までするこ とになりました。

振り返ってみれば自分のことなのに、まるで「奇跡」としかいいようのない現実のクリエイションの数々。

「現実は必ず変えられる。未来は自分で創ることができる。」

こんなふうに自信を持って、今、あなたにお伝えできるのは、私自身がつい最近これらを体験したからに他ありません。

今では心の底から「この世界の真の楽しみ方」をたくさんの人に伝えたくてたまらないのです。

あなたの人生が楽しく喜びに溢れたものになりますように!

本書を手にとってくださったあなたと、この本を生み出してくださった岡田さん、素敵なイラストで色を添えてくださったむつみさんに最大限の感謝を込めて。

本当にありがとうございました。

「あなたが良い気分でいること以上に大切なことは何もない」
「世界は自分で創る」

Happy

“奇跡”は自分で起こせる！
3日後《みっかご》「引《ひ》き寄《よ》せ」日記《にっき》

2015年 9月10日　初版発行
2015年12月 1日　6刷発行

著　者・・・・・・・・Happy
発行者・・・・・・・・大和謙二
発行所・・・・・・・・株式会社大和出版
東京都文京区音羽1-26-11　〒112-0013
電話　営業部03-5978-8121／編集部03-5978-8131
http://www.daiwashuppan.com
印刷所／製本所・・・・日経印刷株式会社
イラストレーション・・・・いのうえむつみ
デザイン・・・・・・桑山慧人（prigraphics）

ISBN978-4-8047-0503-3